Die Welt der Wale

Lerne die Riesen der Ozeane kennen

KLEINE GESTALTEN

Bartenwale

Grauwal
S. 50–51
Zwergwal S. 54–55
Blauwal S. 32–34
Buckelwal S. 20–21

Finnwal S. 18–19
Glattwal S. 56–57
Grönlandwal S. 30–31

Zahnwale

Narwal S. 60–61
Schwertwal S. 16–17
Schweinswale S. 48–49
Weißflankenschweinswal
Kalifornischer Schweinswal
Gewöhnlicher Schweinswal

Cuvier-Schnabelwal
S. 44–45
Weißwal S. 24–25
Delfin S. 28–29
Pottwal S. 40–41

N
W
O
S

SAG NEIN ZU
-PLASTIK!-

Ein sachtes

Pfuuusch-wupp!

Ungefähr so hört es sich an, wenn ein Wal aus den Wellen auftaucht und Luft holt. Wale faszinieren uns Menschen schon seit Jahrtausenden, denn die gigantischen Tiere sind zwar echte Kraftpakete, aber auch sanftmütig und gesellig. Außerdem haben sie viel mit uns Menschen gemeinsam und stecken doch voller Geheimnisse.

Auch Delfine und Schweinswale gehören zur großen Ordnung der Waltiere. Forscherinnen und Forscher nennen die Wale auch Cetacea. Unter den Walen gibt es Akrobaten und Gesangskünstler. Manche reisen gern, andere bleiben lieber zu Hause. Wale sind nicht nur intelligent, sondern oft auch neugierig und verspielt.

In diesem Buch begegnest du vielen Walarten und lernst allerhand über ihr Leben im Meer. Du erfährst mehr über die gemeinsame Geschichte von Menschen und Walen und was wir tun können, damit die Wale in der Zukunft ein gutes Leben haben.

Wie alles anfing

Wale haben Ähnlichkeit mit Fischen, gehören aber zu den Säugetieren. Sie brauchen also Luft zum Atmen und die Kälber werden mit Muttermilch gesäugt. Die meisten Säugetiere leben an Land. Wie kommt es dann, dass die Wale im Meer leben?

Ihre Geschichte beginnt vor 55 Millionen Jahren mit einem kleinen Säugetier mit langen Beinen, das flink durch die Wälder wuselte. Es war ein Pflanzenfresser, nicht größer als eine Katze, und sah vollkommen

Indohyus

Indohyus lebte an Land in der Nähe von Bächen und Flüssen. Da es schwere Knochen hatte, konnte es leicht abtauchen und sich auf dem Flussboden vor Fressfeinden verstecken.

Länge: **0,6 Meter**

Lange Vorder- und Hinterbeine,
Hufe wie ein Schwein oder Reh,
Langer Schwanz

Vor etwa 50 Millionen Jahren

anders aus als die gewaltigen Wale, die heute die Ozeane durchstreifen. Dennoch ist dieses Tier mit ihnen verwandt. Das ist ein Beispiel für Evolution. Evolution bedeutet, dass Lebewesen sich im Lauf der Zeit langsam verändern, um sich besser an neue Lebensräume anzupassen. Um zu verstehen, wie die Wale entstanden sind, müssen wir ihnen auf ihrem Weg vom Land ins Meer folgen.

Ambulocetus

Ambulocetus jagte wahrscheinlich wie ein Krokodil: Es legte sich im seichten Wasser auf die Lauer und schnappte dann plötzlich zu.

Länge: **3 Meter**

Kurze Beine,
Schaufelförmige Pfoten mit Schwimmhäuten,
Dicker, kräftiger Schwanz

Dorudon

Dorudon schwamm vermutlich wie ein Delfin und ernährte sich von Fischen. An Land konnte es sich nicht fortbewegen.

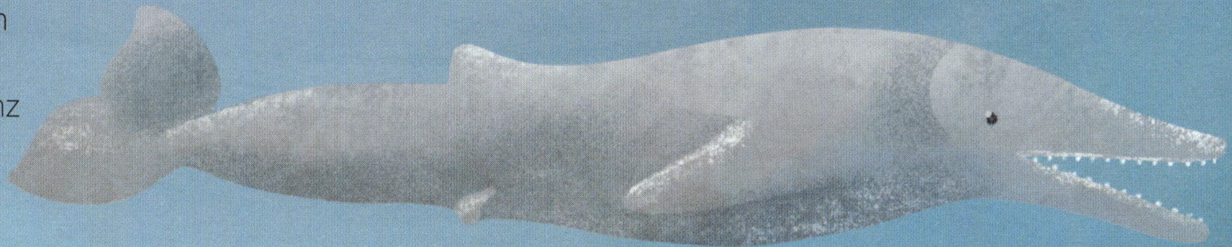

Länge: **5 Meter**

Breite, paddelförmige Flipper,
Winzige Hinterbeine,
Kräftiger Schwanz mit kleinen Fluken

Vor etwa 49 Millionen Jahren

Vor etwa 40 Millionen Jahren

Der uralte Verwandte der heutigen Wale lebte vor rund 35 Millionen Jahren und hatte Zähne, einen breiten Schwanz und zwei Blaslöcher. Im Lauf der Zeit entwickelten sich aus ihm die beiden Walgruppen, die wir heute kennen.

Bartenwale

Der wissenschaftliche Name der Bartenwale lautet Mysticeti. Sie haben keine Zähne, sondern biegsame Hornplatten, die man Barten nennt. Beim Fressen nehmen die Bartenwale ganz viel Wasser ins Maul, in den Barten bleiben die Beutetiere dann wie in einem Netz hängen. Mit dieser Methode können sie enorm viel auf einmal fressen. Die größten Walarten sind alle Bartenwale. Im Unterschied zu den Zahnwalen haben sie zwei Blaslöcher und nutzen keine Echoortung.

Zahnwale

Die Zahnwale, von Wissenschaftlerinnen und Wissenschaftlern auch Odontoceti genannt, haben nur ein Blasloch. Aus dem anderen ist ein Organ entstanden, mit dem die Wale Geräusche senden und empfangen und so Dinge unter Wasser erkennen können – ungefähr so, wie wenn du rufst und dann ein Echo hörst. Diese Methode heißt Echoortung. Damit können Wale sich zurechtfinden und auch im dunklen Wasser Fische, Tintenfische und Kraken jagen.

Heute leben Wale in allen Weltmeeren – in den warmen Tropen ebenso wie am eiskalten Nord- oder Südpol und sowohl in Küstennähe als auch in der Tiefsee. Manche Arten sind sogar in Seen und Flüssen anzutreffen. Rein äußerlich sehen sie vollkommen anders aus als ihre kleinen gehuften Vorfahren, aber ihre Knochen verraten viel über ihre Entwicklungsgeschichte.

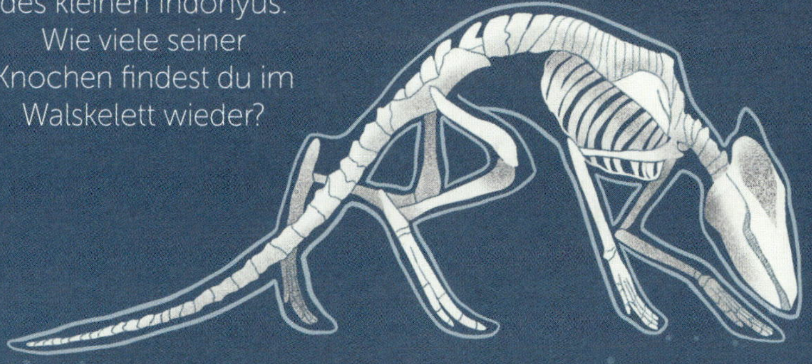

Das ist das Skelett des kleinen Indohyus. Wie viele seiner Knochen findest du im Walskelett wieder?

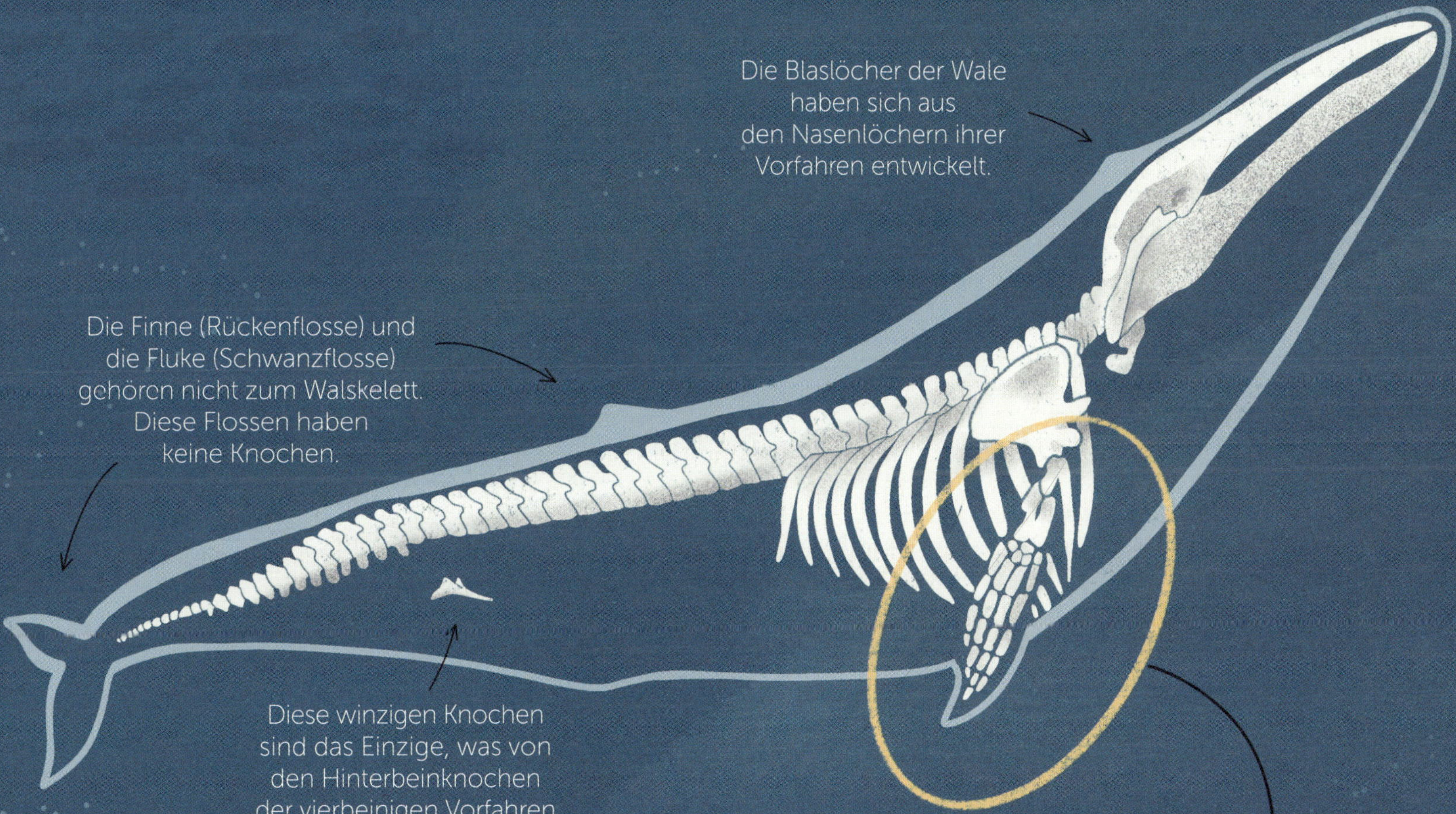

Die Blaslöcher der Wale haben sich aus den Nasenlöchern ihrer Vorfahren entwickelt.

Die Finne (Rückenflosse) und die Fluke (Schwanzflosse) gehören nicht zum Walskelett. Diese Flossen haben keine Knochen.

Diese winzigen Knochen sind das Einzige, was von den Hinterbeinknochen der vierbeinigen Vorfahren der Wale geblieben ist.

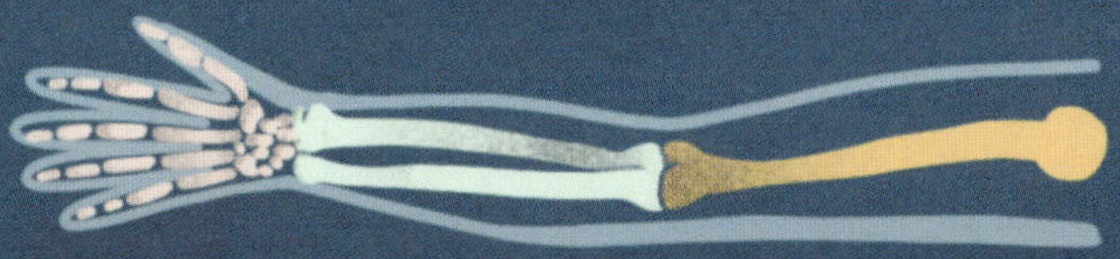

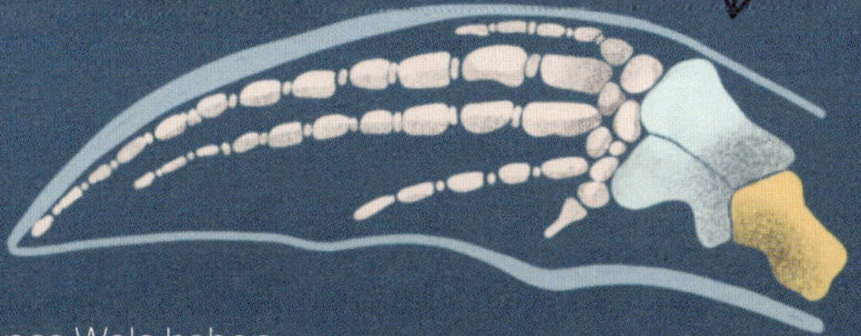

Die Flipper (Brustflossen) eines Wals haben genau die gleichen Knochen wie dein Arm und deine Hand. Kannst du die Wal- und Menschenknochen einander zuordnen?

Leben unter Wasser

Wale gibt es in allen Formen und Größen – vom schnittigen Delfin bis zum gigantischen Blauwal. So unterschiedlich sie auch sind: Sie alle sind perfekt für das Leben im Wasser ausgerüstet.

Atmen

Anders als wir Menschen können Wale nicht durch den Mund atmen. Sie atmen stattdessen durch die Blaslöcher oben an ihrem Kopf. Für jeden Atemzug müssen sie aus dem Wasser auftauchen. Dabei stoßen sie eine Fontäne aus Atemdampf und Wasser aus, die man Blas nennt. Bevor ein Wal erneut abtaucht, füllt er mit einem tiefen Atemzug seine Lungen wieder auf.

Tauchen

Wale sind wahre Meister im Tauchen. Manche von ihnen können mehr als 2.000 Meter tief tauchen – 400-mal so tief wie das tiefe Ende eines Schwimmbeckens – und mehr als eine Stunde unter Wasser bleiben, ohne Luft zu holen. Das liegt daran, dass der Körper der Wale für das Leben in der Tiefsee gemacht ist. Ihre biegsamen Rippen brechen unter dem gewaltigen Gewicht des Wassers nicht, sondern geben nach. Der Blubber hält die Wale in der eisigen Tiefsee warm. Das Blut versorgt die Muskeln mit besonders viel Sauerstoff, damit die Wale in Bewegung bleiben können, wenn sie den Atem anhalten.

Hören

Da Wale den größten Teil ihres Lebens in der Finsternis der Tiefsee verbringen, ist ihr Gehör besonders wichtig. Sie nutzen den Schall, um ihr Abendessen zu erjagen, sich zurechtzufinden, Gefahren auszuweichen und sich zu verständigen. Wenn du in der Badewanne untertauchst, hören sich alle Geräusche seltsam gedämpft an. Wale hingegen können unter Wasser klar und deutlich hören, weil ihr Gehör anders aufgebaut ist. Bei ihnen dringt der Schall nicht durch eine Ohröffnung ins Gehör, sondern wird von fettgefüllten Aushöhlungen im Kieferknochen aufgefangen und durch den Kopf zum Innenohr übertragen.

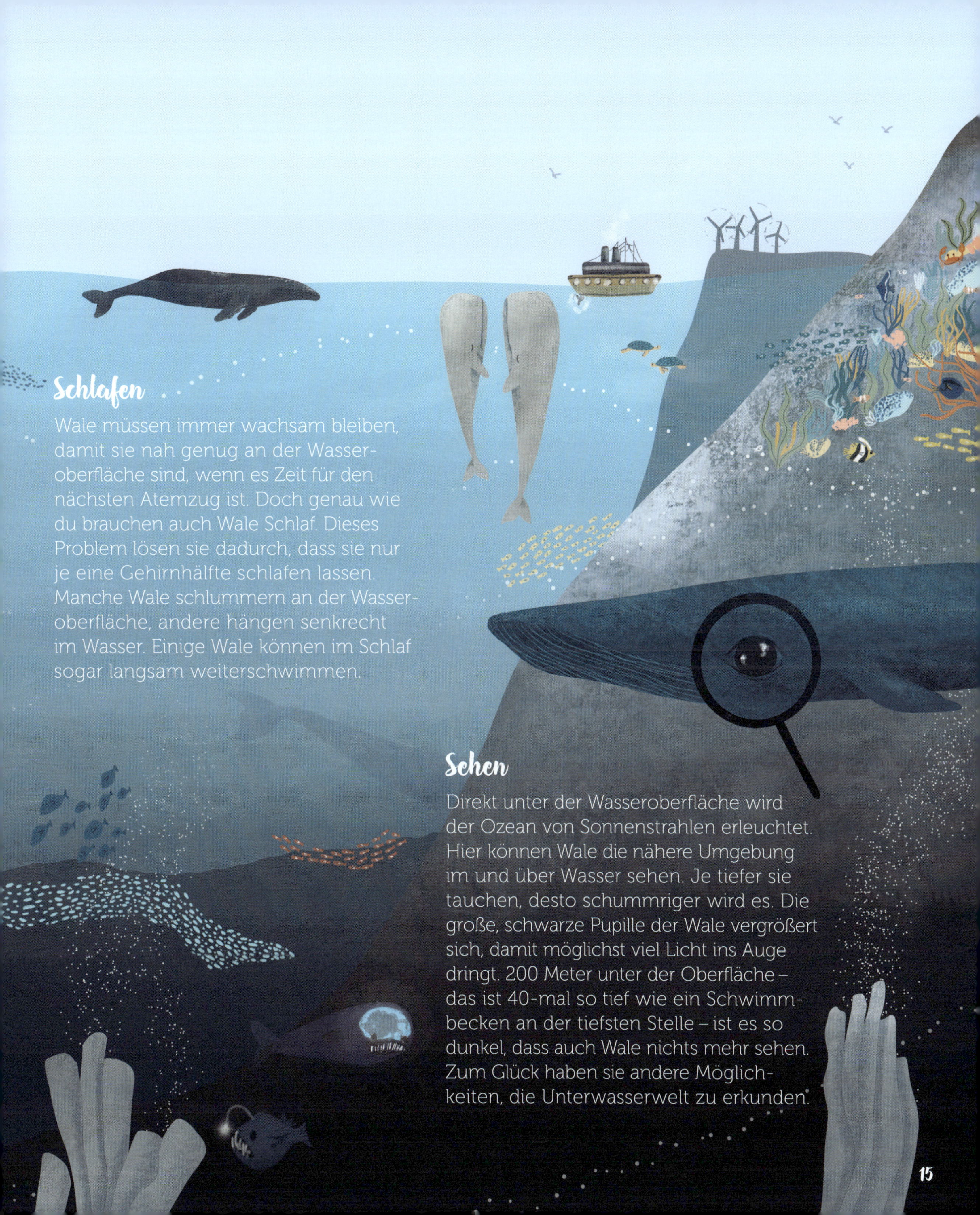

Schlafen

Wale müssen immer wachsam bleiben, damit sie nah genug an der Wasseroberfläche sind, wenn es Zeit für den nächsten Atemzug ist. Doch genau wie du brauchen auch Wale Schlaf. Dieses Problem lösen sie dadurch, dass sie nur je eine Gehirnhälfte schlafen lassen. Manche Wale schlummern an der Wasseroberfläche, andere hängen senkrecht im Wasser. Einige Wale können im Schlaf sogar langsam weiterschwimmen.

Sehen

Direkt unter der Wasseroberfläche wird der Ozean von Sonnenstrahlen erleuchtet. Hier können Wale die nähere Umgebung im und über Wasser sehen. Je tiefer sie tauchen, desto schummriger wird es. Die große, schwarze Pupille der Wale vergrößert sich, damit möglichst viel Licht ins Auge dringt. 200 Meter unter der Oberfläche – das ist 40-mal so tief wie ein Schwimmbecken an der tiefsten Stelle – ist es so dunkel, dass auch Wale nichts mehr sehen. Zum Glück haben sie andere Möglichkeiten, die Unterwasserwelt zu erkunden.

Schwertwal

— Ein raffinierter Jäger —

Wenn sie jagen, gleiten Schwertwale – auch Orcas genannt – geräuschlos durch das Wasser und suchen nach Beute. Die stromlinienförmigen, muskelbepackten Meeressäuger sind schnell und sehr schlau.

Familienleben

Orcas sind zwar furchterregende Jäger, aber auch gesellige Wesen, die als Familien eng zusammenhalten. Sie leben in Familiengruppen, die von einem Muttertier angeführt werden. Die Söhne bleiben das ganze Leben bei ihr, während die Töchter oft ihre eigenen Gruppen gründen, wenn sie erwachsen sind. Verwandte Familien schwimmen und jagen häufig zusammen in größeren Verbänden, sogenannten Schulen.

Schon gewusst?

Orcas sind die besten Jäger der Meere.

Unerschrockene Jäger

Orcas sind sehr gute Jäger. Im Team machen sie Jagd auf andere Meeressäuger wie Seelöwen, Schweinswale und andere Wale, die manchmal viel größer sind als sie selbst. Sie haben raffinierte Tricks auf Lager und erzeugen zum Beispiel Wellen, um ahnungslose Robben von ihren Eisschollen ins Wasser zu spülen. Kein Wunder, dass die Orcas auch Killerwale genannt werden. Für Menschen sind sie aber keine Gefahr.

Orcas gibt es auf der ganzen Welt. An manchen Orten ernähren sich verschiedene Populationen aber unterschiedlich, zum Beispiel an der nordamerikanischen Pazifikküste:

Sogenannte „Residents", also ortstreue Orcas, leben vor der Küste und ernähren sich nur von Fisch.

Die „Offshore-Orcas" leben in großen Gruppen fern der Küste und machen Jagd auf Haie. Ihre Zähne werden mit der Zeit oft stumpf, weil die Haut der Haifische so hart ist.

Länge: **bis zu 9 Meter**

Gewicht: **bis zu 5 Tonnen**

Finnwal

— Windhund der Meere —

Diese langen, stromlinienförmigen Bartenwale werden gern mit Windhunden verglichen. Wie die schlanken und sehr schnellen Hunde sind die stahlgrauen Finnwale ausgesprochen flink. Sie legen jeden Tag Hunderte von Kilometern zurück und kommen dabei auf 30 Kilometer pro Stunde – das ist dreimal so schnell wie der schnellste Schwimmer bei den Olympischen Spielen. Bei kurzen Sprints kann der Finnwal sogar 50 Kilometer pro Stunde erreichen.

Weltenwanderer

Finnwale leben in vielen Teilen der Welt, allein in tropischen Gewässern und in den eisigen Polarmeeren lassen sie sich nur selten blicken. Dafür sind sie die einzigen Bartenwale, die man im Mittelmeer antreffen kann. Meist begeben sie sich in kleinen Gruppen von zwei bis sechs Walen auf die Reise. An Orten, wo es reichlich Nahrung gibt, sammeln sie sich aber auch zu viel größeren Gruppen.

Wegen des spitzen Kamms, der sich von der Finne bis zum Schwanz über seinen Rücken zieht, wird der Finnwal auf Englisch auch „Razorback" genannt – das heißt auf Deutsch „Rasierklingenrücken".

Länge: **bis zu 27 Meter**

Tiefe Töne

Kaum ein Tier kann so tiefe Töne erzeugen wie der Finnwal. Seine brummenden Rufe sind oft zu tief für das menschliche Gehör, werden aber unter Wasser über sehr große Distanzen übertragen. Somit können Finnwale in Kontakt bleiben, auch wenn sie Hunderte von Kilometern voneinander entfernt sind.

Schon gewusst?
Der Finnwal ist, hinter dem Blauwal, das zweitgrößte Tier der Welt.

Der lange, spitz zulaufende Kopf des Finnwals macht fast ein Viertel seiner gesamten Körperlänge aus.

Genau wie Blau-, Buckel-und Zwergwale haben die Finnwale lange Hautfalten, die von der Kehle bis zum Bauch reichen. Diese Falten dehnen sich aus, wenn der Wal mit seinem Maul riesige Mengen Wasser und Nahrung aufnimmt.

Sein Unterkiefer ist an der rechten Seite hell und cremefarben und an der linken Seite dunkelgrau. Wenn der Wal einem Fischschwarm seinen hellen Kieferfleck zeigt, bekommen die Fische einen Schreck und drängen sich dichter zusammen.

Gewicht: **bis zu 80 Tonnen**

Buckelwal

— Ein echtes Multitalent —

Zisch! Ein gigantischer Buckelwal springt meterhoch aus dem Wasser und klatscht mit lautem Getöse auf die Wasseroberfläche. Der Meeresakrobat kann Rollen und Kopfstände machen, mit der Fluke schlagen und sich in der Luft drehen.

Gesangskünstler

Buckelwale sind außerdem sehr musikalisch. Im Herbst und Winter singen die Männchen lange und abwechslungsreiche Gesänge mit vielen Strophen. Jedes Jahr stimmen Wale, die im gleichen Aufzuchtgebiet leben, alle denselben Gesang an – und lassen sich jedes Jahr einen neuen einfallen.

In den 1950er-Jahren haben amerikanische Marinetechniker Unterwassermikrofone gebaut, um U-Booten zu lauschen. Statt dröhnender Motoren bekamen sie jedoch lange, gespenstische Melodien zu hören. Schon bald erkannten Forscher: Das waren Gesänge von Buckelwalen.

Die Schwanzfluke des Buckelwals ist an der Unterseite schwarz und weiß. Das Muster ist genauso einmalig wie ein Fingerabdruck.

Schon gewusst?
In den 1970er-Jahren wurde eine Schallplatte mit Buckwalgesängen zum Bestseller.

Buckelwale haben am Kopf kleine Höcker. Auf jedem dieser Höcker wächst ein kurzes Haar. Mit diesen Haaren können sie, ähnlich wie Katzen mit ihren Schnurrhaaren, ihre Umgebung erfassen.

Buckelwale haben eigentlich gar keinen Buckel. Der Name kommt daher, dass sie vor dem Eintauchen den Rücken zu einem Buckel krümmen.

Die Flipper des Buckelwals sind die längsten Körperteile, die es im ganzen Tierreich gibt. Sie können bis zu fünf Meter lang werden–so lang wie ein großes Auto.

Länge: **bis zu 18 Meter** Gewicht: **bis zu 36 Tonnen**

Nahrung filtern mit den Barten

Stell dir vor, jeder Happen, den du essen willst, würde in einem Glas Wasser schwimmen. Damit du diesen Happen essen kannst, musst du erst das ganze Glas austrinken und dann alles nicht Essbare ausspucken. Und jetzt stell dir vor, jedes Glas Wasser wäre so groß wie du – dann ahnst du, wie es ist, ein hungriger Buckelwal zu sein.

Riesenmäuler

Bartenwale wie der Buckel- oder der Grönlandwal sind sehr geschickte Filtrierer. Sie haben an ihrem riesigen Oberkiefer lange und fransige Platten aus Horn, sogenannte Barten. Sie können ihre riesigen Mäuler sehr weit aufsperren, damit besonders viel Wasser mit vielen Fischen hineinpasst.

Wenn der Wal das Maul schließt, wird das Wasser durch die Barten herausgepresst. Die kleinen Fische oder der Krill bleiben im Walmaul hängen.

Schon gewusst?

Barten bestehen aus einem stabilen, aber biegsamen Material namens Keratin, aus dem auch unsere Haare und Fingernägel gemacht sind.

Luftblasentrick

Buckelwale gehen allein oder im Team auf Jagd und haben gelernt, mit Luftblasen Fische zusammenzutreiben.

Das geht so: Die Wale kreisen einen Fischschwarm ein. Ein Wal schwimmt von unten in engen Spiralbewegungen um die Fische herum und erzeugt ganz viele Luftblasen.

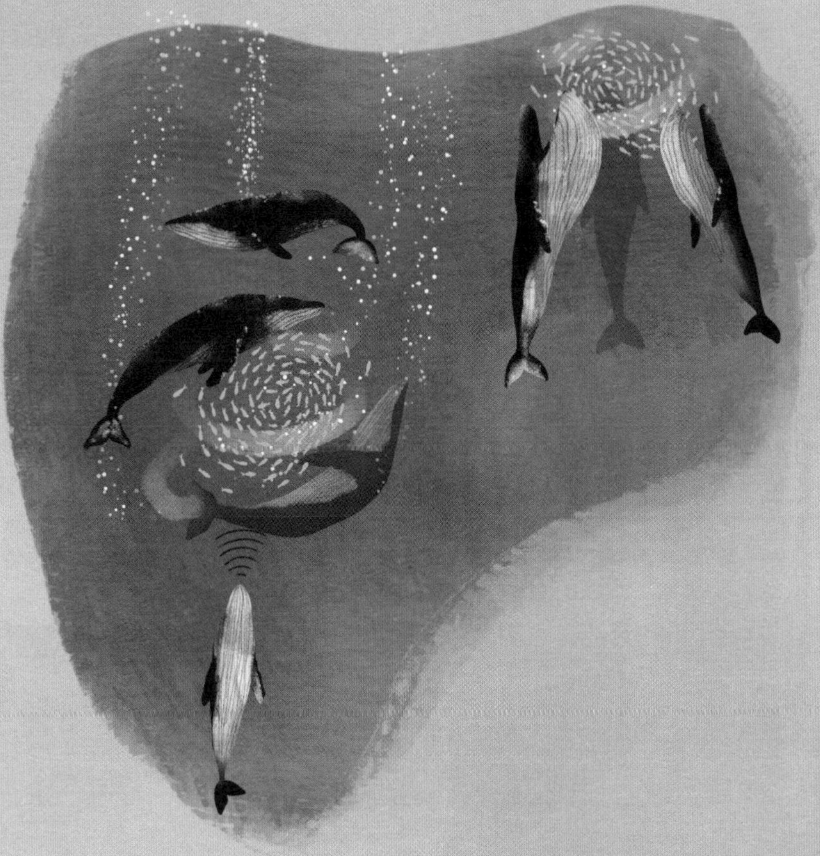

Ein zweiter Wal wartet unter dem Schwarm und gibt einen sehr hohen Ton von sich. Dieser Ton treibt die Fische nach oben in das Netz aus Luftblasen.

Weitere Wale umkreisen den Schwarm und drängen ihn in Richtung Wasseroberfläche.

Wenn das Luftblasennetz an der Oberfläche angekommen ist, schwimmen die Wale plötzlich von unten nach oben durch den Schwarm und verschlingen unzählige Fische auf einmal.

Fischüberfall

Bei diesem Jagdtrick schlägt der Buckelwal über einem Fischschwarm mit seiner Schwanzflosse auf die Wasseroberfläche. Die Fische bekommen Angst und drängen sich dichter aneinander. Dann schwimmt der Wal mit weit geöffnetem Maul durch den Schwarm.

Tiefschürfender Beutezug

Manche Fischarten leben in großen Schwärmen knapp über dem Meeresboden. Wenn Grau- oder Buckelwale es auf diese Fische abgesehen haben, tauchen sie tief hinab, drehen sich auf die Seite und öffnen dann ihre Mäuler. Diese Wale haben oft Schürfwunden an Kopf und Kiefer, weil sie damit am rauen Meeresboden entlangschrammen.

Weißwal

— Kanarienvogel der Meere —

Es ist Frühjahr in der Arktis: Das Meereis beginnt zu schmelzen, bekommt erste Risse und durch die Buchten treiben Eisblöcke. Schau noch einmal genauer hin: Einige dieser weißen Kleckse leben! Das sind Weißwale, auch Belugas genannt, die zum Sommeranfang in die Arktis zurückkehren. Sie sammeln sich in kleinen Gruppen, um Nahrung zu jagen und ihre Kälber aufzuziehen.

Belugas haben keine Finne. Dadurch ist es für sie leichter, auf dem Weg zur nächsten Atemöffnung dicht unter der Eisschicht zu schwimmen.

Schneeweiß

Dank seiner schneeweißen Färbung ist der Beluga im Eis für hungrige Eisbären und Orcas schwer zu erkennen. Belugas häuten sich jedes Jahr – so haben sie immer eine blitzsaubere Haut. Zum Häuten versammeln die Belugas sich in Flussmündungen, weil die Haut sich dort im wärmeren Wasser leichter löst. Sie wälzen sich über den groben Kies im Flussbett, um sich die abgestorbene Haut, aber auch kleine Tiere wie Seepocken und Parasiten vom Körper zu scheuern.

Länge: **bis zu 4,5 Meter**

Die vorgewölbte Verdickung an ihrem Kopf ist kein Knochen, sondern ein fettgefülltes Organ, das Melone heißt.

Anders als die meisten Wale können Belugas den Kopf nach links und rechts drehen.

Meeresgezwitscher

Wegen ihrer vogelähnlichen Laute werden die kleinen weißen Wale scherzhaft auch „Kanarienvögel der Meere" genannt. Sie fiepen, kreischen, pfeifen, klackern und zirpen. Mütter und Kälber tauschen auch sanfte summende oder säuselnde Laute aus.

Gewicht: **bis zu 1,9 Tonnen**

Schon gewusst?

Belugababys sind bei der Geburt dunkelgrau. Danach werden sie allmählich weiß.

Stimmen im Meer

Über Wasser hören wir Wellen brechen und Seevögel kreischen, aber unter der Meeresoberfläche geht es noch viel geräuschvoller zu. Die Wale beteiligen sich an der Geräuschkulisse unter Wasser mit Klicklauten, Rufen und Gesängen. Für jedes dieser verschiedenen Geräusche gibt es einen Grund.

Schall als Sehhilfe

Im tiefen Wasser oder während der langen arktischen Nächte gehen Belugas oft in absoluter Finsternis auf die Jagd. Auf der Suche nach Fischen und Schalentieren oder um am Meeresgrund Würmer zu verputzen, tauchen die geschickten Jäger bis zu einen Kilometer tief. Damit sie sich in der Dunkelheit zurechtfinden, nutzen die Belugas wie auch andere Zahnwale die Echoortung.

Um die Klicklaute für die Echoortung zu erzeugen, bewegen die Wale Luft von einem Teil ihres Atmungssystems in einen anderen. Ein Wal kann dafür mehrere Hundert Klicklaute pro Sekunde erzeugen.

Sobald der Schall auf etwas Festes trifft, zum Beispiel auf einen Fischschwarm, wird er zum Wal zurückgeworfen. An diesem Echo kann der Wal die Form, Größe und Entfernung des Objekts erkennen. Er kann sogar erkennen, ob es sich um ein Lebewesen – zum Beispiel einen Fisch – oder um etwas Hartes wie einen Stein handelt.

Die Laute werden durch das weiche Organ vorn am Kopf, die Melone, ausgesendet. Indem er die Form seiner Melone verändert, kann ein Beluga die Klicks auf einen Gegenstand im Wasser zielen – so als wären sie akustische Laserstrahlen.

Delfine

— Eine verspielte Truppe —

Eine vorbeijagende Gruppe Delfine schnellt aus dem Wasser und taucht wieder ein. Mit ihren langen Schnauzen, gebogenen Finnen und „lächelnden" Mäulern sind die verspielten Tiere leicht zu erkennen. Sie leben in allen Weltmeeren und manche sogar in Flüssen.

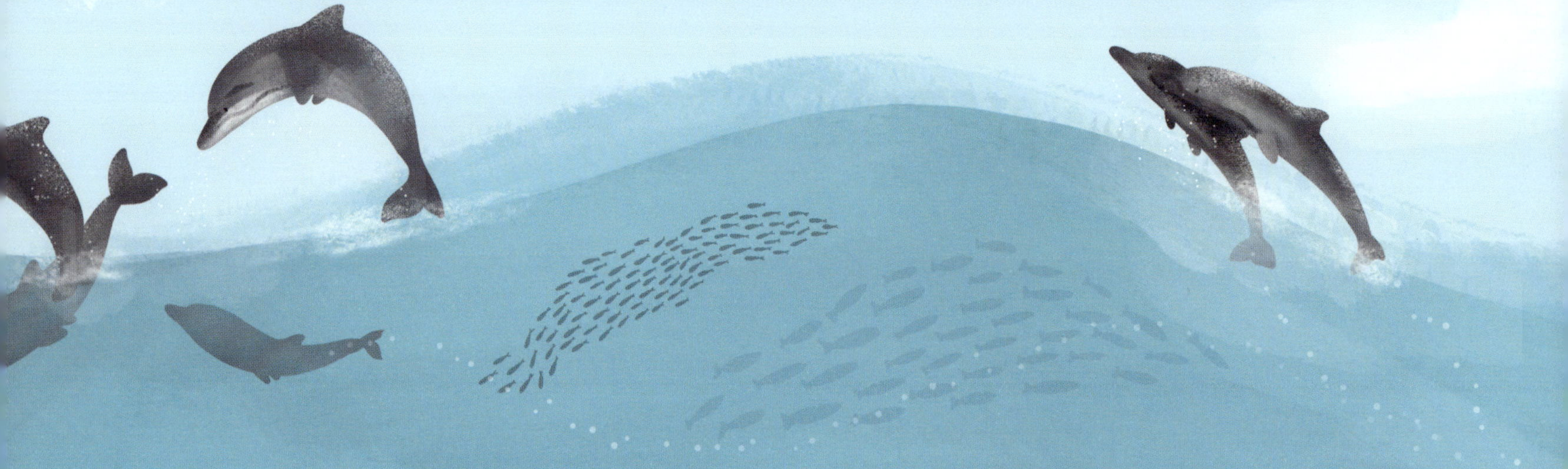

Freunde und Familie

Delfine sind oft in großen Gruppen unterwegs, die Delfinschulen heißen. Manchmal schließen sich auch andere Delfinarten und Wale an. Eine Delfinschule veranstaltet regelrechte Pfeif-, Zwitscher- und Quietschkonzerte. Delfine nutzen ihre Körper, um sich zu verständigen. Sie schlagen mit ihren Schwanzflossen auf das Wasser und streicheln sich gegenseitig mit ihren Finnen.

Schon gewusst?
Delfine sind die artenreichste Familie der Zahnwale.

Nicht nur im Meer …

Wenn du in diesen breiten Fluss eintauchen würdest, könntest du mit etwas Glück einen Flussdelfin sehen, der gemächlich durch das schlammige Wasser schwimmt. Anders als seine Verwandten im Meer, lebt und jagt er meistens allein. Flussdelfine sind die einzigen Wale, die im Süßwasser leben.

Akrobaten des Ozeans

Delfine springen meterhoch aus dem Wasser und machen Rollen und Saltos in der Luft. Manche können sich auf die Schwanzflosse stellen und rückwärts über das Wasser „laufen". Sie tun sich sogar mit anderen Delfinen zusammen und vollführen ihre Kunststücke als perfekt aufeinander abgestimmtes Team. Der geschickteste Akrobat von allen ist der Ostpazifische Delfin. Er heißt auch Spinnerdelfin, weil „to spin" auf Englisch „sich drehen" heißt. Zähl mal, wie oft er sich in der Luft dreht – 1, 2, 3, 4, 5, 6, 7 Mal!

Lernfähig und erfinderisch

Delfine haben gelernt, auch ohne Hände Werkzeuge herzustellen. In Australien gibt es Fleckendelfine, die sich Schwämme vom Meeresgrund über ihre Schnäbel ziehen. Die weichen Schwämme schützen die Delfine, wenn sie zwischen spitzen Felsen und Korallen nach Fischen stochern. Einige Große Tümmler machen sich sogar Spielzeug, indem sie Luft so ins Wasser blasen, dass sich Ringe bilden. Diese Ringe schubsen sie dann herum, schwimmen hindurch und spielen sie sich gegenseitig zu.

Grönlandwal

— Ein musikalischer Meeresbewohner —

Willkommen in der Arktis, einer der kältesten Gegenden der Erde. Tief unter der vereisten Meeresoberfläche kreuzen Grönlandwale wie große, graue U-Boote durchs Wasser.

Grönlandwale haben keine Finne und keinen Buckel. Mit ihrem glatten Rücken können sie gut an der Unterseite der Eisdecke entlanggleiten.

Eine dicke Fettschicht namens Blubber hält den Wal im eiskalten Wasser warm. Er kann in der Walmitte mehr als 60 Zentimeter dick werden.

Der Grönlandwal hat einen stark gewölbten Oberkieferknochen und heißt deshalb auf Englisch „Bowhead", also „Bogenkopf". Er hat das größte Maul im gesamten Tierreich.

Coole Sounds

In den kalten und dunklen Wintermonaten kommt wahrscheinlich niemand auf die Idee, seinen Kopf ins Nordpolarmeer zu stecken. Wenn du es trotzdem machen würdest, könntest du beeindruckende Geräusche hören: die stundenlangen Gesänge der Grönlandwale – eine Mischung aus Jammern, Pfeifen und Heulen. Jedes Jahr erfinden sie neue Gesänge.

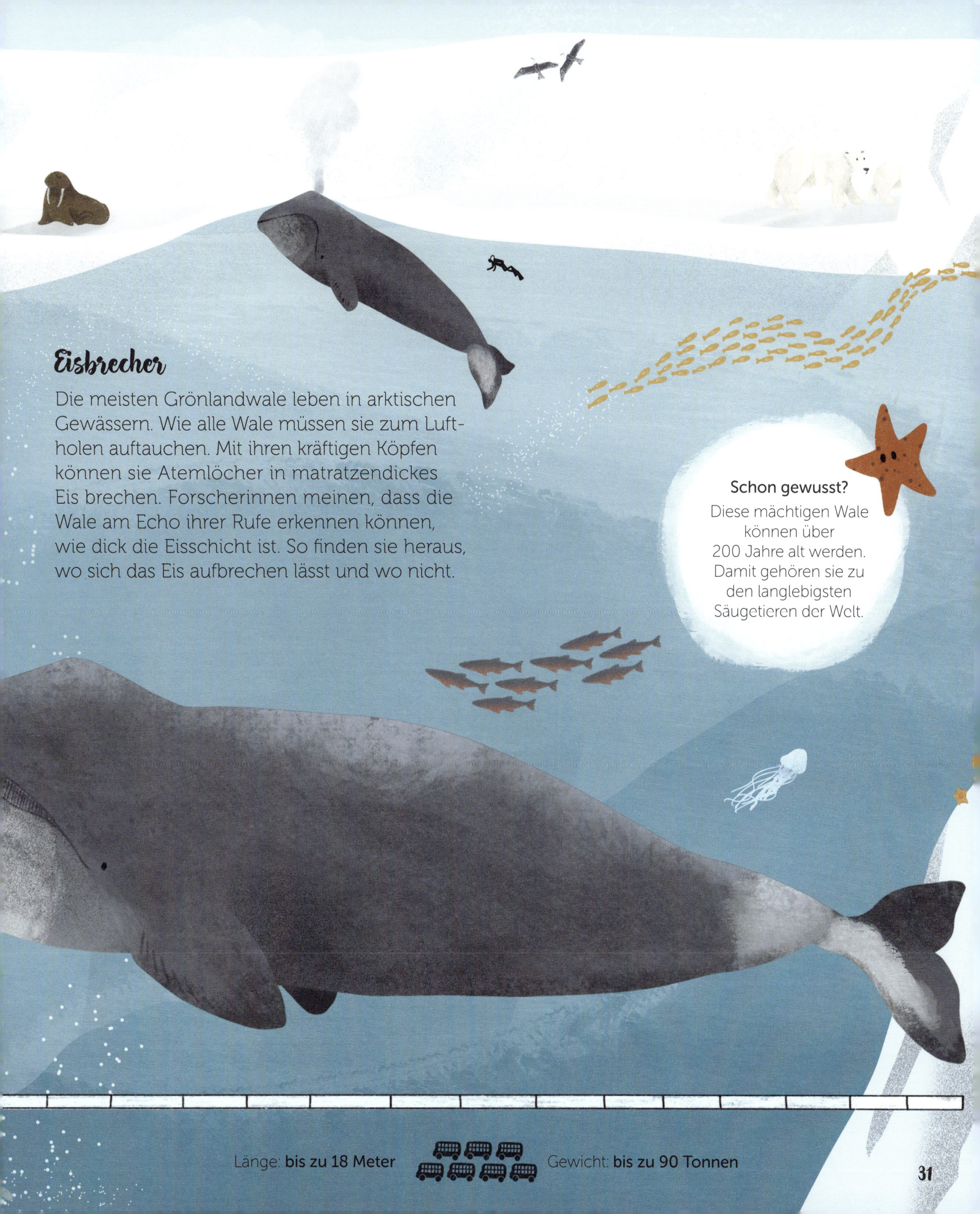

Eisbrecher

Die meisten Grönlandwale leben in arktischen Gewässern. Wie alle Wale müssen sie zum Luftholen auftauchen. Mit ihren kräftigen Köpfen können sie Atemlöcher in matratzendickes Eis brechen. Forscherinnen meinen, dass die Wale am Echo ihrer Rufe erkennen können, wie dick die Eisschicht ist. So finden sie heraus, wo sich das Eis aufbrechen lässt und wo nicht.

Schon gewusst?

Diese mächtigen Wale können über 200 Jahre alt werden. Damit gehören sie zu den langlebigsten Säugetieren der Welt.

Länge: **bis zu 18 Meter** Gewicht: **bis zu 90 Tonnen**

Blauwal

— Ein sanfter Riese —

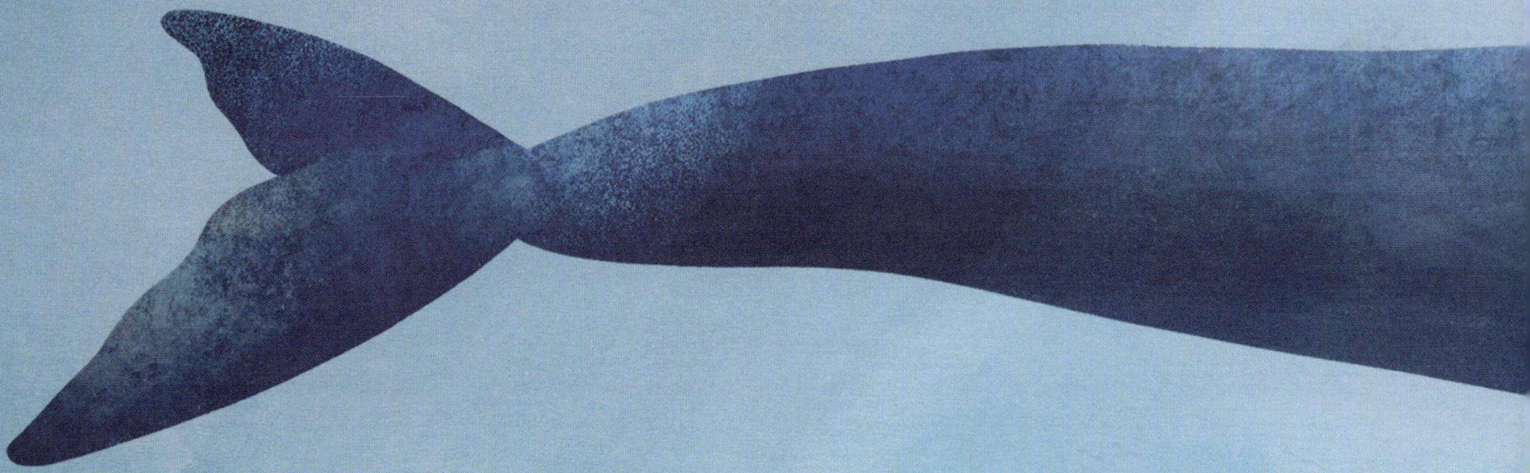

Stell dir vor, du segelst übers Meer und plötzlich taucht aus der Finsternis unter dir eine riesige, dunkle Gestalt auf. Sie ist größer als der größte Dinosaurier, länger als drei Busse und so schwer wie 40 ausgewachsene Elefanten. Du triffst gerade das größte Tier der Erde: den Blauwal. Aber keine Sorge: Als Leckerbissen bist du diesem Megameeressäuger viel zu groß.

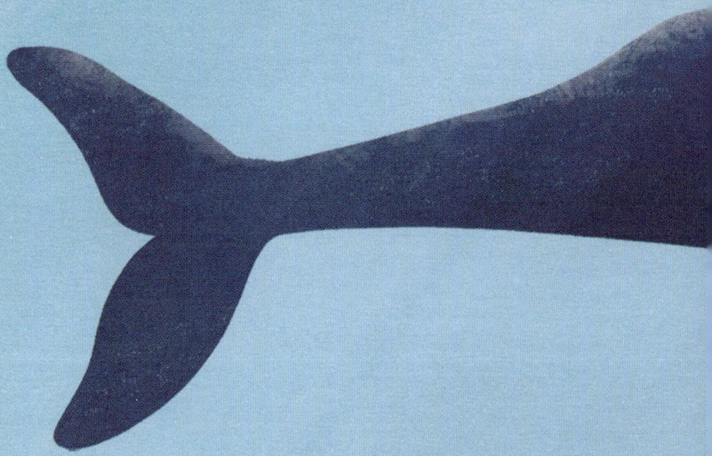

Schon gewusst?
Ein frisch geborenes Blauwalbaby ist so groß wie ein ausgewachsener Elefant.

Lauter als laut

Passend zu seiner Größe hat der Blauwal eine kräftige Stimme. Er gibt alle möglichen Laute von sich – von Klicken über Summen bis zu dröhnendem Knurren. Seine Rufe können 180 Dezibel erreichen. Das ist viel lauter als der Lärm eines großen Düsenjets beim Abheben. Damit ist der Blauwal das lauteste Tier der Welt – und trotzdem kann es sein, dass du ihn nicht hören kannst. Seine langgezogenen Rufe sind nämlich oft so tief, dass sie für menschliche Ohren nicht wahrnehmbar sind.

Der Kreislauf des Lebens

Blauwale sind die größten Tiere der Welt, ernähren sich aber von winzigen Fischen und Krill. Ein einziger Wal kann an einem Tag mehr als 40 Millionen Krillkrebse verspeisen! Obwohl die Wale sie fressen, ist es auch für Krill und Fische gut, wenn es viele Wale gibt, denn Wale tragen dazu bei, dass die Weltmeere gesund bleiben und voller Leben sind.

Plankton

Wenn die Sonne auf das Wasser scheint, breiten sich unzählige winzige Meerespflanzen aus, die man Plankton nennt. Es ist die wichtigste Nahrungsquelle für Krill und viele kleine Fische.

Wenn Wale weit unten im Meer jagen, kommen sie zum Atmen immer wieder an die Oberfläche. Bevor sie wieder abtauchen, scheiden sie oft Kot aus. Walkot versorgt viele winzige Pflanzen und Lebewesen, die an der Meeresoberfläche leben, mit wichtigen Nährstoffen aus der Tiefsee.

Oft drängen Wale ganze Fischschwärme in Richtung Meeresoberfläche, um sie zu fressen. Dadurch kommen auch Seevögel leichter an die Fische heran. Um die fressenden Wale herum versammeln sich ganze Vogelschwärme.

Krill und Ruderfußkrebse

Diese kleinen Krebstiere, kaum größer als Büroklammern, sind die Hauptnahrungsquelle für die verschiedensten Tiere wie Fische, Seevögel und riesige Bartenwale.

Leben nach dem Tod

Wenn ein Wal stirbt, sinkt sein Körper auf den Meeresboden. Dort wird er zur Nahrung für kleine Fische und Garnelen sowie für Korallen und Schwämme, die Riffe bilden, die vielen kleinen Fischen als Lebensraum dienen.

Seevögel fliegen mit den erbeuteten Fischen zu ihren Nestern und füttern damit ihre Jungen. Beim Hin- und Herfliegen lassen sie ihren Kot auf die Erde und auf das Wasser fallen. Seevogelkot ist ein guter Dünger für die Pflanzen an Land und hilft dem Plankton im Meer beim Wachsen.

Die Nahrungskette

Kleine Fische ernähren sich von Plankton und werden ihrerseits von größeren Fischen gefressen. Die größeren Fische werden von Walen, Delfinen, Schweinswalen und vielen anderen Tieren gejagt. Dort, wo es viele Fische zum Fressen gibt, sammeln sich oft viele unterschiedliche Tierarten.

Winzige Teilchen von toten Walen gelangen durch die Strömung an die Oberfläche und werden zum Nährstoff für neues Plankton.

An die frische Luft

Auch wenn Wale Luft atmen, können sie nicht an Land leben. Im Ozean werden sie vom Wasser getragen und können so anmutig schwimmen, aber wenn sie stranden, sind ihre gewaltigen Körper viel zu schwer, um sich bewegen zu können. An der Wasseroberfläche fühlen sie sich aber ziemlich wohl.

Einen Blick riskieren

Wale können den Kopf aus dem Wasser stecken und sich umschauen. Das nennt man „Spyhopping" („spy" heißt auf Englisch „Spion" und „to hop" bedeutet „hüpfen"). Da die meisten Wale ihren Kopf nicht auf- und abbewegen können, müssen sie dabei ihren ganzen Körper senkrecht aufrichten. Orcas machen das, wenn sie Beutetiere ins Visier nehmen – zum Beispiel Robben am Meeresufer.

Schwänzchen in die Höh'

Manchmal heben Wale ihre Schwanzflosse weit aus dem Wasser und lassen sie mit lautem Getöse auf die Wellen niedersausen. Mit diesem sogenannten Flukenschlagen können die Wale Fische betäuben oder sich mit anderen Walen verständigen, denn der ohrenbetäubende Krach ist von weit weg zu hören.

Flip und Flop

Manche Wale und Delfine schlagen mit ihren Flippern auf die Wasseroberfläche. Buckelwale liegen manchmal auf dem Rücken, heben einen oder beide ihrer langen, biegsamen Flipper an und rollen dann seitlich hin und her, sodass die Flipper immer wieder auf das Wasser schlagen.

Schneller im Flug

Wenn ein Wal seiner Beute nachjagt oder vor Gefahr flieht und deshalb schneller schwimmt, muss er nah an der Oberfläche bleiben, damit er oft Luft holen kann. Mit Luftsprüngen kommen Wale oft schneller voran als unter Wasser. Wenn es schnell gehen muss, sausen sie darum mit flachen Sprüngen übers Wasser.

Wellen schlagen

Wenn ein Wal mehr oder weniger in voller Länge aus dem Wasser herausschießt, nennt man das „Breaching" („to breach" heißt auf Englisch „brechen"– der Wal durchbricht also die Wasseroberfläche). Er landet mit einem gigantischen PLATSCH! auf dem Wasser und löst damit eine Stoßwelle aus, die andere Wale in vielen Kilometern Entfernung hören können. Wale springen auch aus dem Wasser, um sich zu reinigen: Beim Wiedereintauchen fallen Seepocken und Saugfische von ihrer Haut ab.

Pottwal

– Das größte Superhirn aller Zeiten –

Wenn du einen Wal mit runzeliger Haut und einem riesigen, quadratischen Schädel siehst, hast du eines der gewaltigsten Tiere der Erde vor dir: einen Pottwal. Dieser Meeressäuger ist ein sehr verblüffendes Lebewesen: Er hat das größte Gehirn der Welt. Pottwale greifen zwar keine Menschen an, aber wenn du zufällig ein Tintenfisch sein solltest, dann pass lieber auf – sonst wird dieser blitzgescheite Jäger dich schnappen!

Geheimnamen

Pottwale machen durchdringende, klirrende Geräusche, die so laut sein können wie eine Rakete beim Start. Wenn sie einander rufen, geben sie eine Abfolge von Klicklauten von sich, die Coda heißt. Jede Pottwalgruppe hat ihre eigene Coda.

Länge: **bis zu 17 Meter**

Gewicht: **bis zu 41 Tonnen**

Teamarbeit unter Müttern

Pottwalweibchen leben in Gruppen mit bis zu 20 Artgenossinnen zusammen. Ein Teil bleibt zum Babysitten bei den Kälbern an der Oberfläche, während die Muttertiere zur Nahrungssuche abtauchen. Wenn Fressfeinde ihre Kälber attackieren wollen, bilden die Wale eine blütenförmige Schutzkette um ihre Jungen herum.

Schon gewusst?

Der Pottwal ist der größte Zahnwal und damit das größte Tier der Welt, das Zähne hat.

Ein nützliches Organ

Der Kopf eines Pottwals ist nicht nur wegen des großen Gehirns sehr beeindruckend. Im Kopf befindet sich auch ein großes Organ, gefüllt mit einem wachsähnlichen Öl, dem Walrat (auch Spermaceti genannt), mit dem der Wal wahrscheinlich den Schall besser bündeln kann, wenn er per Echoortung jagt und mit anderen kommuniziert.

Walforschung

Stell dir vor, eine Wissenschaftlerin wollte dich erforschen, würde aber nur deine Nase untersuchen. Meinst du, so würde sie herausfinden, wer du bist und was du gern machst? Für die Walforschung ist es zwar wichtig, die Wale an der Wasseroberfläche zu beobachten, sie werden aber auch unter Wasser erforscht.

Wie das duftet!

Forscher werfen Netze aus, um Walblas und sogar Walkot zu sammeln und zu untersuchen. Diese Proben riechen zwar nicht so gut, liefern aber wertvolle Erkenntnisse darüber, was Wale essen und wie gesund sie sind. Manche Forscher setzen besonders trainierte Hunde ein, die den Walkot auf der Meeresoberfläche erschnüffeln.

Lauschangriff

Mit Unterwassermikrofonen – sogenannten Hydrofonen – können Forscher den Rufen der Wale zuhören. Das ist sehr hilfreich, um zu verstehen, wie Wale sich „unterhalten". Da Hydrofone auch erfassen, wo und wann verschiedene Wale Geräusche machen, können die Forscher erkennen, welche Wege die Wale zurücklegen.

Aquarien

Einige Forscher studieren Wale, Delfine und Schweinswale in Aquarien. Durch diese Einblicke aus nächster Nähe erfahren die Forscher viel darüber, wie die Tiere zusammen leben und spielen, wie sie sich untereinander verständigen und die Echoortung nutzen. Andere Forscher halten es für falsch, Wale von ihren Familiengruppen zu trennen und so intelligente und aktive Wildtiere in winzigen Becken zu halten.

Cuvier-Schnabelwal

— Meister im Tiefseetauchen —

Hast du Lust auf einen Tauchgang mit einem rekordverdächtigen Säugetier? Atme tief ein und stürze dich mit dem Cuvier-Schnabelwal in die geheimnisvollen Tiefen des Ozeans. Er kann mehr als zwei Stunden unter Wasser bleiben und Oktopusse und Fische jagen; dir geht die Puste vermutlich schneller aus!

Ungewöhnliche Atemtechnik

Wenn du tauchen willst, holst du erst einmal kräftig Luft. Cuvier-Schnabelwale machen es umgekehrt: Vor einem langen Tauchgang lassen sie fast alle Luft aus ihren Lungen entweichen. Denn was mit Luft gefüllt ist, schwimmt bekanntlich oben. Ohne Luft können die Wale schneller absinken und brauchen dafür weniger Energie. Sie pumpen keinen Sauerstoff aus der Luft in ihre Lungen, sondern nutzen den Sauerstoff in ihren Muskeln.

Länge: **bis zu 7 Meter**

Gewicht: **bis zu 2,5 Tonnen**

Tief unten

Diese Wale jagen oft in einem bis zwei Kilometern Tiefe. Ein Cuvier-Schnabelwal wurde sogar schon in fast drei Kilometern Tiefe beobachtet – so tief hat man vorher noch nie ein Säugetier tauchen sehen.

Weit draußen

Cuvier-Schnabelwale sind die am weitesten verbreitete Art der Schnabelwale und trotzdem schwer zu finden. Sie halten sich nämlich am liebsten weit weg von der Küste auf, wo der Ozean besonders tief ist.

Die meisten ausgewachsenen Männchen haben am Kopf und Rücken lauter Narben, die wahrscheinlich von den Stoßzähnen anderer Männchen stammen. An den Narbenmustern können Forscherinnen die Wale auseinanderhalten.

Wie andere Zahnwale haben Cuvier-Schnabelwale nur ein Blasloch.

Sie haben an den Seiten kleine Vertiefungen, in die sie beim Tauchen ihre kurzen Flipper wie in Hosentaschen stecken können.

Cuvier-Schnabelwale werden zu den Zahnwalen gezählt, obwohl sie fast keine Zähne haben. Die ausgewachsenen Männchen haben nur zwei kurze Stoßzähne im Unterkiefer, Weibchen und Jungtiere haben gar keine.

Schon gewusst?
Da Cuvier-Schnabelwale nur wenige oder keine Zähne haben, können sie ihre Beute nicht kauen. Sie schlürfen die Fische oder Tintenfische aus dem Wasser und schlucken sie in einem Happs herunter.

Kinderbetreuung

Eine Walkuh streichelt ihr Neugeborenes mit ihrem Flipper. Sie schützt und umsorgt es mit aller Kraft. Das Junge muss viel über das Leben im Ozean lernen und wird dabei vielen Gefahren begegnen, aber seine Mutter bleibt bei ihm, bis es so groß und stark ist wie sie.

Hilfe für die Kleinen

Als du klein warst, konnte ein Erwachsener dich auf den Arm nehmen, wenn du müde warst. Walkühe können ihre Kälber natürlich nicht auf den Arm nehmen, aber sie können sie trotzdem „tragen". Eine Walkuh erzeugt nämlich beim Schwimmen mit ihrem riesigen Körper eine Strömung im Wasser. Das Waljunge bleibt dicht hinter seiner Mutter und lässt sich von ihrer Strömung tragen. So kann es sogar schlafen oder Milch trinken, während die Mutter schwimmt.

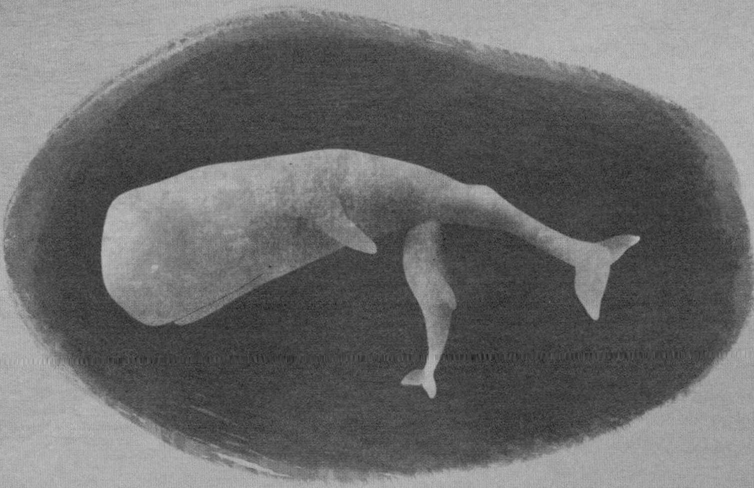

Schwimmer von Geburt an

Waljunge werden unter Wasser geboren. Sie müssen also schnell an die Oberfläche schwimmen und Luft holen. Die meisten Walbabys kommen mit der Schwanzflosse voran zur Welt, sodass sie gleich losschwimmen können.

Babynahrung

Walmilch enthält sehr viel Fett, mit dem das Baby seine Blubberschicht bilden kann. Ein frisch geborenes Walbaby kann sich bei seiner Mutter nur kurz Milch holen, bevor es zum Luftholen an die Oberfläche tauchen muss.

Schon gewusst?
Walkühe bekommen manchmal Hilfe von anderen Walweibchen. Die hilfsbereiten ArtgenossInnen kümmern sich zum Beispiel um das Baby, wenn die Mutter auf Nahrungssuche geht, und teilen ihr Essen mit dem Walbaby.

Pssst!

Die meisten Wale können sehr laute Geräusche erzeugen, die sich unter Wasser weit ausbreiten. Das ist hilfreich, wenn die Wale über lange Entfernungen hinweg Kontakt zueinander aufbauen wollen, aber es kann auch gefährliche Fressfeinde auf den Plan rufen. Waljunge und ihre Mütter verständigen sich darum mit sehr leisen Rufen – quasi im Flüsterton.

Achtung Lebensgefahr!

Hungrige Orcas sind immer auf der Suche nach einer schnellen Mahlzeit. Wenn sie es schaffen, ein Kalb von seiner Mutter zu trennen, können sie es töten und fressen. Walkühe verteidigen ihre Jungen erbittert und geben alles, um Angriffe abzuwehren. Manchmal nehmen Walkühe ihr Baby auf den Rücken, damit die Orcas nicht mehr an es herankommen.

Schweinswale

— Flinke und wendige Schwimmer —

Eine Gruppe Schweinswale saust durchs Wasser. Ihre glatte Haut glitzert im Sonnenlicht, wenn sie aus dem Meer springen, Luft holen und wieder abtauchen. Von Weitem könnte man diese flotten Meeresbewohner für Delfine halten, aber bei näherem Hinsehen erkennt man viele Unterschiede.

Finde die Unterschiede

Schweinswale sind kleine Zahnwale, genau wie Delfine. Beide sind schnell, lebhaft und intelligent. Trotzdem kannst du sie leicht auseinanderhalten:

Kopf: Schweinswale haben kurze Schnauzen und Mäuler – Delfine haben lange Schnauzen und breite Mäuler.

Zähne: Schweinswale haben spatelförmige Zähne – Delfinzähne sind kegelförmig.

Körper: Schweinswale sind kurz und dick – Delfine sind lang und schlank.

Finnen: Schweinswale haben kleine, dreieckige Rückenflossen – Delfine haben hakenförmige oder gebogene Rückenflossen.

Fressattacke

Da sie sich so viel und schnell bewegen, müssen Schweinswale eine Menge fressen. Manche Schweinswalarten verspeisen bis zu 500 kleine Fische pro Stunde – also fast zehn kleine Fische in einer Minute.

Der Jangtse-Glattschweinswal ist der einzige Schweinswal der Welt, der im Süßwasser lebt. Statt einer Rückenflosse hat er einen niedrigen Kamm am Rücken.

Länge: **bis zu 2,0 Meter**
Gewicht: **bis zu 0,8 Tonnen**

Gut getarnt

Der Gewöhnliche Schweinswal – auch Kleiner Tümmler genannt – hat einen dunkelgrauen Rücken und einen weißen Bauch. Viele andere Wale und Meerestiere sind genauso gemustert. Mit dieser Färbung können die Tiere sich leichter vor Fressfeinden verstecken. Von oben ist der dunkle Rücken vom dunklen Ozean kaum zu unterscheiden. Und der weiße Bauch sieht von unten so aus, als wäre er Teil des hellen, vom Sonnenlicht durchfluteten Wassers darüber.

Hohe Töne

Schweinswale sind nicht so gesprächig wie Delfine, verständigen sich aber ebenfalls mit Klick- und Quietschlauten. Ihre Rufe sind oft so hoch, dass wir Menschen sie nicht hören können. Auch Schweinswale nutzen die Echoortung, um Fische aufzuspüren.

Der Kalifornische Schweinswal oder Vaquita ist der seltenste Schweinswal und der kleinste Wal überhaupt. Ein ausgewachsener Vaquita ist gerade mal 1,5 Meter lang – kürzer als das Bett, in dem du schläfst.

Länge: **bis zu 1,5 Meter**
Gewicht: **bis zu 0,7 Tonnen**

Kein Schweinswal schwimmt so schnell wie der Weißflankenschweinswal, auch Dall-Hafenschweinswal genannt. Er nähert sich gern vorbeifahrenden Booten und springt und spielt in deren Heckwellen.

Länge: **bis zu 2,3 Meter**
Gewicht: **bis zu 0,1 Tonnen**

Grauwal

— Der Fernreiseprofi —

Wenn du im Frühjahr an der Westküste Nordamerikas stehst und auf das Meer schaust, siehst du vielleicht den niedrigen, herzförmigen Blas eines Grauwals, der zum Luftholen auftaucht. Wink ihm ruhig zu, aber sei nicht enttäuscht, wenn er nicht anhält und „Hallo!" sagt. Diese kräftigen Schwimmer sind den größten Teil ihres Lebens unterwegs und geben alles, um an ihr Ziel zu kommen.

Schon gewusst?

Ein Grauwal ist sogar einmal rekordverdächtige 22.000 Kilometer bei einer Reise geschwommen – das ist eine halbe Erdumrundung.

Grauwalbabys bleiben nah bei ihren Müttern und reiten manchmal auf ihren Rücken oder Schwänzen. Sie haben durchgehend graue Haut, weil sie noch keine Seepocken oder Walläuse haben.

Länge: **bis zu 15 Meter**

Gewicht: **bis zu 36 Tonnen**

Auf der Haut des Grauwals wachsen lauter Seepocken und kleine Krebstiere, die Walläuse heißen. Diese winzigen blinden Passagiere kleben an der Haut des Wals und nehmen Nahrung aus dem Wasser auf, während der Wal durchs Meer schwimmt.

Der Grauwal kann mit seiner langen, schmalen Schnauze große Mengen Nahrung aufnehmen.

Grauwale haben an ihren Schnauzen und Kiefern kurze, starre Haare, die wie Schnurrhaare aussehen. Damit können sie Gegenstände am Meeresboden vermutlich leichter ertasten.

Die Barten des Grauwals sehen aus wie Borsten und sind ziemlich kurz. Deshalb kann er am Meeresboden auf Futtersuche gehen, ohne an Felsen hängen zu bleiben.

Wilde Essmanieren

Wenn man an seichteren Stellen den Meeresboden absucht, entdeckt man im Schlamm schon mal große Maulabdrücke. Das sind Spuren von fressenden Grauwalen. Die meisten Bartenwale nehmen beim Fressen große Wassermengen ins Maul. Grauwale haben eine wildere Technik: Sie tauchen zum Meeresgrund, rollen sich auf die Seite und saugen den Schlamm in ihr Maul. Wenn sie das Maul schließen, läuft der Schlamm wieder heraus, während die köstlichen Krabben und Kleintiere in den Barten hängen bleiben.

Wandernde Wale

Kein Tier unternimmt so weite Fernreisen wie der Grauwal, aber auch viele andere Wale legen lange Strecken zurück. Das nennt man Walwanderung. Ihr Leben lang durchschwimmen sie riesige Ozeane, um zu den besten Orten für die Nahrungssuche und für die Aufzucht ihrer Jungen zu gelangen. Welche Jahreszeit ist gerade bei dir? Wo sind die Wale gerade?

Warm und kalt

Walbabys haben noch keine dicke Blubberschicht, die sie warm hält. Deshalb sind warme Gewässer für sie besonders wichtig. Das Problem: In warmen Gewässern gibt es nicht genug Nahrung für hungrige erwachsene Bartenwale. Die Lösung: Die Wale wandern. Sie schwimmen zwischen warmen Gewässern, in denen sie ihre Babys bekommen, und kalten Gebieten, in denen sie viel Nahrung finden, hin und her.

Januar und Februar

Grauwale bringen ihre Jungen in warmen, geschützten Buchten an der Küste Mexikos zur Welt. Im seichten Wasser sind die Wale vor Fressfeinden wie den Orcas in Sicherheit. Außerdem ist das warme Wasser sehr salzreich – so können die Walbabys leichter schwimmen, während sie sich eine Blubberschicht anfuttern, die ihnen zusätzlichen Auftrieb gibt.

März und April

Als Erste brechen die erwachsenen Männchen in den Norden auf. Die Mütter warten noch eine Weile, damit die Babys mehr Zeit haben, vor der langen Reise möglichst groß und stark zu werden.

Mai und Juni

Die ersten Grauwale treffen in den kalten Gewässern des Nordens ein. Das Wintereis schmilzt und das Wasser ist voller Krill, den die Wale fressen können. Die meisten Mütter und Kälber sind inzwischen auch auf dem Weg nach Norden.

Juli und August

Die Grauwale erreichen den ganz hohen Norden. In den Gewässern rund um Nordrussland und Alaska lassen sich Grauwale, aber auch Grönland-, Buckel- und Zwergwale und viele andere Wale das reichliche Fischangebot schmecken.

September und Oktober

Alle Wale futtern, so viel sie können. Sie müssen sich viel Blubber anfressen, damit sie für die kommenden Wintermonate genug Energie haben. Wenn sie ihre Futtergebiete verlassen, fressen die Grauwale bis zu ihrer Rückkehr im Frühjahr nur ganz wenig.

November und Dezember

Die Grauwale machen sich wieder auf den Weg in ihr warmes Winterquartier. Jetzt schwimmen die trächtigen Muttertiere voraus, damit sie auf jeden Fall rechtzeitig ankommen und ihre Babys im warmen Wasser gebären können.

Zwergwal

— Ein Vielwanderer —

Neben einem Boot taucht ein schlanker Zwergwal auf und holt kurz Luft. Alle auf dem Boot schauen sofort in seine Richtung, aber der Wal ist schon wieder verschwunden! Zwergwale sind dafür bekannt, dass man sie nur selten zu Gesicht bekommt. In einigen Gegenden gibt es aber auch besonders neugierige Zwergwale, die manchmal direkt auf Boote zuschwimmen.

Zwergwale auf Wanderschaft

Es gibt zwei Arten von Zwergwalen: den Nördlichen und den Südlichen Zwergwal.

Im Winter wandern beide Arten in Aufzuchtgebiete in den warmen Gewässern am Äquator. Trotzdem begegnen sie sich nur selten. Der Grund: Wenn bei den Nördlichen Zwergwalen Winter herrscht, ist bei den Südlichen Zwergwalen Sommer. Deshalb wandern sie immer zu unterschiedlichen Zeiten.

Der Nördliche Zwergwal hat an den Flippern einen weißen Fleck, der wie eine Armbinde aussieht–der Südliche Zwergwal nicht.

Länge: **bis zu 10 Meter**

Erkennungszeichen Walblas

Wer auf dem Meer einen Wal sehen will, sollte Augen und Ohren nach einem lauten und dampfenden Walblas offen halten. Bei Zwergwalen kann man den Blas allerdings nicht so gut erkennen, weil sie schon unter Wasser mit dem Ausatmen anfangen. Deshalb ist ihr Blas meistens niedrig, leise und schwer zu sehen.

Zwergwale finden ihre Nahrung oft in der Nähe von schwimmenden Eisbergen oder Eisschollen. Mit ihren spitzen Schnauzen können sie leicht Luftlöcher ins Eis stoßen.

Schon gewusst?

Der Zwergwal ist der kleinste Bartenwal.

Gewicht: **bis zu 9 Tonnen**

Glattwal

— Ein seltenes Meerestier —

In manchen Teilen der Welt machen Menschen seit Jahrtausenden Jagd auf Wale. Von einem Wal konnte ein ganzes Dorf schon mal ein Jahr lang leben. Im 17. Jahrhundert entwickelte sich die Waljagd zu einem sehr lukrativen Geschäft und wurde im großen Stil betrieben. Wale waren gefragt wegen ihres Fleischs, ihres Öls und der robusten Barten, auch Fischbein genannt.

Besonders unerbittlich wurden die Glattwale gejagt. Ihre englische Bezeichnung „right whale" geht darauf zurück, dass man Glattwale als die „richtige" Beute betrachtete. Die Zeiten der groß angelegten Waljagden sind vorbei, aber es wurden so viele Glattwale umgebracht, dass sie inzwischen sehr selten sind.

Es gibt drei Arten von Glattwalen: den Pazifischen Nordkaper, den Atlantischen Nordkaper und den Südkaper. Der Pazifische Nordkaper ist so selten, dass er fast nie gesichtet wird. Den Atlantischen Nordkaper und den Südkaper trifft man vor allem in küstennahen Gebieten im westlichen Atlantik an. Wie andere Bartenwale auch ziehen sie im Herbst und im Winter in wärmere Gewässer und im Frühjahr und Sommer in kältere Gewässer.

Glattwale haben große, V-förmige Fluken.

Schon gewusst?

Glattwale leben in der Regel allein oder in kleinen Gruppen, kommen aber manchmal auch zu größeren Versammlungen zusammen. Dann drängen sich bis zu 40 Wale im Gewühl und purzeln übereinander.

Länge: **bis zu 17 Meter**

Viele Glattwale haben am Kopf Knubbel aus rauer, verdickter Haut, die bei jedem Wal anders sind.

Bei jedem Glattwal bilden die weißen Flecken am Bauch ein anderes Muster.

Sie haben einen breiten, gebogenen Unterkiefer und schöpfen beim Fressen oft mit geöffnetem Maul die Wasseroberfläche ab.

Gewicht: **bis zu 80 Tonnen**

Wale und Menschen

Menschen und Wale haben eine lange gemeinsame Geschichte. Wie die meisten Geschichten hat sie glückliche und traurige Kapitel.

Im hohen Norden sind Wale seit Jahrtausenden eine Lebensgrundlage für die Menschen. Dort, wo weder Ackerbau noch Viehzucht möglich sind und kaum Bäume wachsen, sind Wale fast die einzigen Fleischlieferanten. Aus ihren langen, stabilen Knochen lassen sich außerdem Werkzeuge herstellen und sogar Häuser bauen.

In anderen Teilen der Welt haben Menschen und Delfine gelernt, sich bei der Fischjagd gegenseitig zu helfen. Die Delfine treiben die Fische in Richtung der Netze und machen sich selbst über die Reste her.

Jahrhundertelang stellte man überall auf der Welt aus Walblubber Brennöl für Lampen und Laternen her. Die langen, biegsamen Barten verarbeitete man zu Korsettstangen und Reifröcken für Damenkleider sowie zu Schirmen.

Die große Nachfrage nach Walerzeugnissen führte leider dazu, dass viel zu viele Wale getötet wurden. Mit großen Booten und mächtigen Harpunen fingen Menschen immer mehr Wale. Bis in die 1950er-Jahre wurden manche Walarten so intensiv gejagt, dass sie fast verschwanden.

Gleichzeitig merkten die Menschen langsam, wie intelligent und schön Wale sind. Spätestens seit den 1980er-Jahren ist die Waljagd in vielen Ländern fast komplett verboten und Wale dürfen nur in kleinen Mengen als Nahrung gejagt werden.

Inzwischen erholen sich manche Walarten von den Folgen der langen Waljagd, andere sind nach wie vor selten. Forscherinnen versuchen herauszufinden, wie man den sanften Riesen helfen kann. Wir wissen immer noch wenig darüber, was wir von Walen – und von den Menschen, die vertraut mit ihnen zusammenleben – lernen können. Walbeobachtung ist auf jeden Fall weltweit ein beliebtes Abenteuer. Vielleicht liegt ja eine glücklichere gemeinsame Zukunft vor uns.

Narwal

— Das Einhorn der Meere —

Vor Jahrhunderten brachte man Könige, Königinnen und Sammler in Europa dazu, ein Vermögen für magische Einhornhörner auszugeben. Nur eine Handvoll Polarforscher und die schlitzohrigen Händler, die den Menschen die Hörner verkauften, kannten die ganze Wahrheit: Die langen, spiralförmigen Hörner stammten in Wahrheit von Narwalen, die in der eisigen Arktis leben.

Ein ganz besonderer Zahn

Narwale haben bei der Geburt nur zwei Zähne. Bei den meisten Männchen bleibt der rechte Zahn im Zahnfleisch, während der linke Zahn zu einem langen, speerähnlichen Stoßzahn anwächst. Der Stoßzahn wird bis an ihr Lebensende immer länger und wächst durch die Oberlippe. Manchmal wächst auch Weibchen ein Stoßzahn oder sogar zwei.

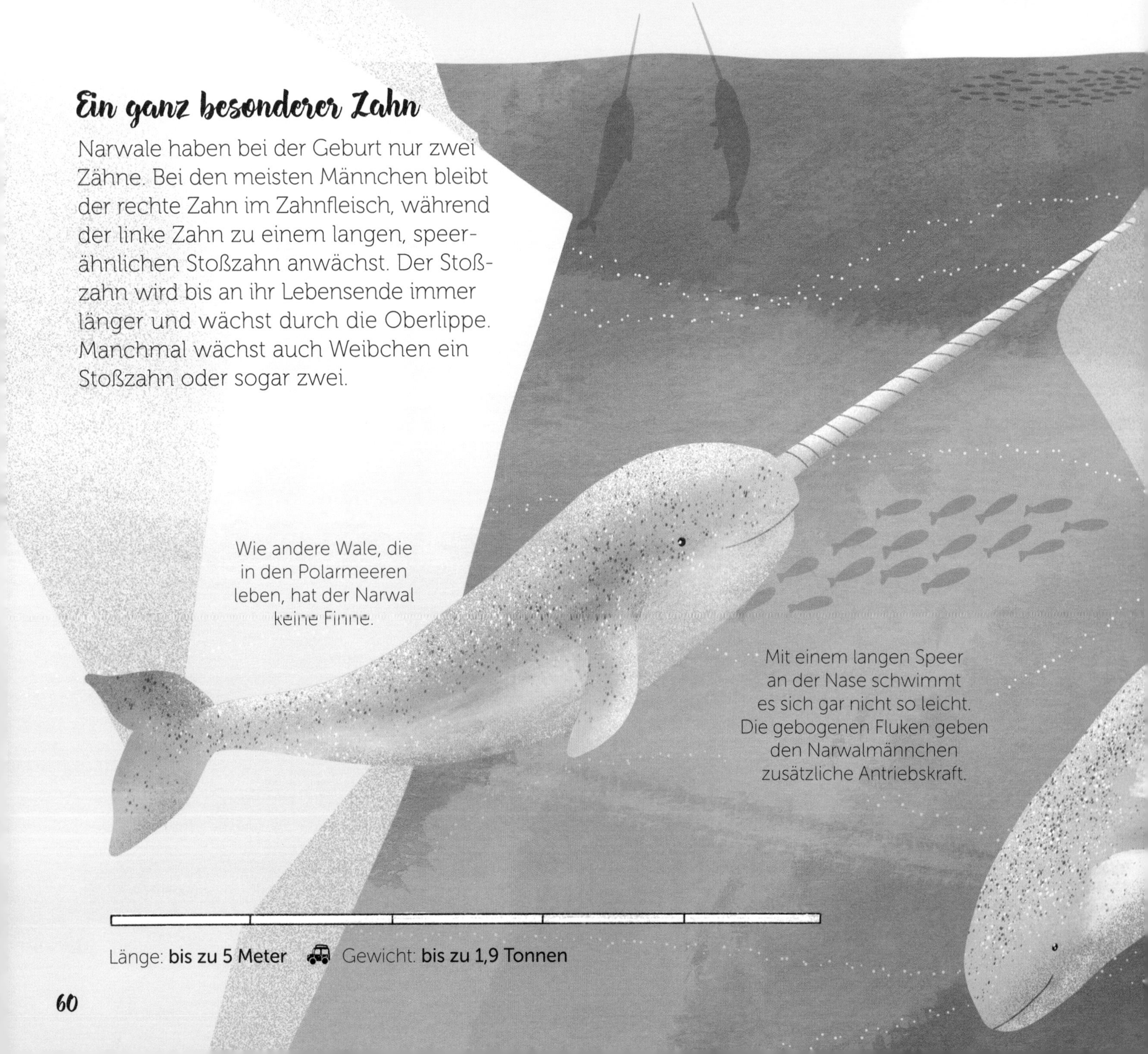

Wie andere Wale, die in den Polarmeeren leben, hat der Narwal keine Finne.

Mit einem langen Speer an der Nase schwimmt es sich gar nicht so leicht. Die gebogenen Fluken geben den Narwalmännchen zusätzliche Antriebskraft.

Länge: **bis zu 5 Meter** Gewicht: **bis zu 1,9 Tonnen**

Schon gewusst?

Der Stoßzahn eines Narwals kann bis zu drei Meter lang werden–500-mal so lang wie einer deiner Zähne!

Empfindlicher Fühler

Der Stoßzahn sieht zwar aus wie eine Waffe, dient aber eher als Fühler. Deine Zähne sind außen hart, damit die Nerven im Zahn geschützt sind. Beim Stoßzahn des Narwals ist es umgekehrt: In der Mitte ist er hart und mit der empfindlichen Außenschicht kann der Wal die Temperatur, den Druck und kleinste Bewegungen unter Wasser spüren. Außerdem können Narwale mit dem Stoßzahn Beutetieren einen heftigen Schlag verpassen und sie so betäuben.

Zähne putzen

Narwale stecken oft ihre Köpfe aus dem Wasser und reiben sich gegenseitig ihre Stoßzähne. Dieses sogenannte „Tusking" („tusk" heißt auf Englisch „Stoßzahn") hilft den Narwalen vermutlich, ihre beeindruckenden Zähne von kleinen Meerespflanzen und Seepocken zu befreien.

Narwalbabys sind bei der Geburt grau und behalten im ersten Jahr ihre dunkle Färbung. Wenn sie älter werden, bekommen sie hellere Bäuche und an den Seiten und am Rücken weiße Flecken und Streifen. Viele sehr alte Narwale sind fast komplett weiß.

Reges Leben unter Wasser

Wenn du aus dem Weltall auf unseren Planeten hinunterschauen würdest, könntest du einen wunderschönen blauen Ball sehen, denn die Erdoberfläche ist fast zu drei Vierteln mit Wasser bedeckt. Allein der Pazifik ist größer als alles Festland zusammen. Das glitzernde Wasser der Meere scheint von oben leer und verlassen, aber unter der Oberfläche verbirgt sich eine einzigartige Welt voller Leben.

Unterwasserwelt

Der Meeresgrund ist dem Festland gar nicht so unähnlich. Es gibt hohe Berge und flache Täler, weite Ebenen und tiefe Schluchten, geschützte und wilde Gegenden. Flache Riffe aus Millionen von lebenden Korallen erstrecken sich über Tausende von Kilometern. Es gibt sogar Spalten im Meeresboden, aus denen siedendes Wasser aus den Tiefen des Erdinnern quillt. In all diesen Unterwasserlandschaften leben verschiedenste Tiere – unter anderem Fische und Krill, von denen viele Wale sich ernähren.

Glastürme

Nicht alle Schwämme sind weich und quetschbar – manche sind auch hart und spröde. Genau wie Korallen sind Schwämme große Gruppen winziger Tiere. Es gibt eine Schwammart mit einem Skelett aus Siliziumoxid – das Material, aus dem auch Glas hergestellt wird. Diese Glasschwämme bilden Türme, die so hoch werden können wie Häuser mit acht Stockwerken.

Schon gewusst?

Neun von zehn Lebewesen auf unserem Planeten leben im Meer.

Mit der Strömung schwimmen

Die Anziehungskraft des Mondes, die Drehung der Erde sowie Temperaturveränderungen können das Meerwasser in Bewegung versetzen. Überall im Meer hebt und senkt sich der Wasserspiegel mit den Gezeiten. In manchen Gegenden gibt es große Meeresströmungen, die wie ein Förderband kleine Tiere über lange Entfernungen transportieren. Diese Strömungen können auch, wie Rolltreppen, auf- oder abwärts verlaufen und Nahrung aus der Tiefsee an die Oberfläche befördern. Manche Wale stimmen ihre Wanderungen darum zeitlich mit diesen Strömungen ab.

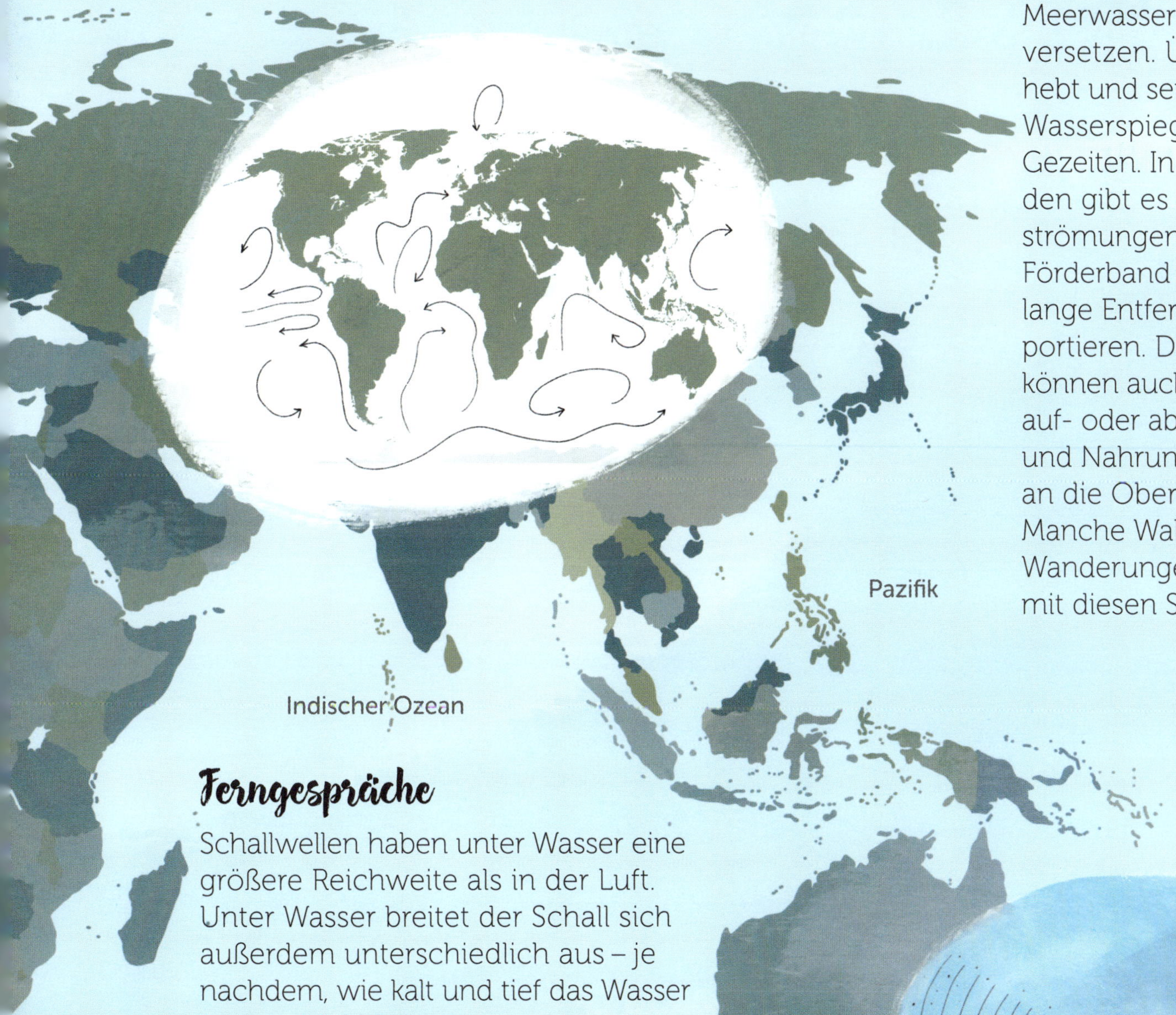

Ferngespräche

Schallwellen haben unter Wasser eine größere Reichweite als in der Luft. Unter Wasser breitet der Schall sich außerdem unterschiedlich aus – je nachdem, wie kalt und tief das Wasser ist. Rund 1.000 Meter unter der Wasseroberfläche gibt es einen Bereich, in dem Schallwellen sich über lange Entfernungen optimal ausbreiten. Finnwale und andere Wale tauchen oft in diesen Schallkanal, um ihre tiefen Laute quer durch ganze Ozeane zu senden.

Die Wale brauchen unsere Hilfe

Vor nicht allzu langer Zeit wurden jedes Jahr über 50.000 Wale wegen ihres Fleischs, ihres Öls und ihrer Barten getötet. Zum Glück gibt es solche großen Jagden nicht mehr. Trotzdem sind die meisten Wale nach wie vor gefährdet.

Große Schiffe, große Probleme

Jeden Tag befahren Zehntausende Schiffe die Weltmeere und befördern Menschen und Güter über die Ozeane. Die gewaltigen Schiffsmotoren machen unter Wasser eine Menge Lärm. Dadurch ist es für die Wale schwieriger, sich zu verständigen oder ihre Beute zu hören. Manchmal werden Wale auch von Schiffen angefahren.

Mitgefangen

Viele Wale ernähren sich von Fisch und Krabben, die auch bei vielen Menschen auf dem Speiseplan stehen. Je mehr Meereslebewesen von Fischern aus den Ozeanen geholt werden, desto weniger Nahrung finden die Wale. Wale verfangen sich manchmal auch in Fischernetzen oder -leinen.

Seekrank

Ein großes Problem für die Meere ist die Umweltverschmutzung. Müll und Schadstoffe in Flüssen, an Land und sogar in der Luft landen irgendwann im Meer. Unter manchen Verunreinigungen leiden die Fische und der Krill, von denen die Wale sich ernähren. Andere Arten von Verschmutzung können die Wale direkt krank machen.

Den Walen helfen

Viele Menschen auf der ganzen Welt wollen den Walen helfen. Sie richten Meeresschutzgebiete ein, in denen Wale und andere Meeresbewohner ungestört leben können. Sie erfinden neue Fischfangmethoden, die den Walen nicht schaden, oder leisere Motoren für die Schiffe. Auch wer nicht am Meer lebt, kann mithelfen. Alles, was die Luft, die Erde und das Wasser sauberer macht, tut den Ozeanen und damit auch den Walen gut.

Und wie wirst du den Walen helfen?

Glossar

Aquarium Ein Ort, an dem lebendige Fische und andere Wasserlebewesen in Behältern und Becken gehalten werden, damit die Menschen sie beobachten und mehr über sie erfahren können. Auch die kleinen Fischbecken, die man zu Hause aufstellen kann, heißen Aquarien.

Äquator Eine Linie, die man sich rund um die Mitte der Erde vorstellt. Der Äquator ist gleich weit vom Nordpol und vom Südpol entfernt und teilt die Erdkugel in zwei gleich große Hälften: die Nordhalbkugel und die Südhalbkugel. Wenn auf der Nordhalbkugel Winter herrscht, ist auf der Südhalbkugel Sommer.

Blasloch Die Atemöffnung oben am Kopf von Walen. Bartenwale haben zwei Blaslöcher – so wie der Mensch zwei Nasenlöcher hat. Zahnwale haben nur ein Blasloch. Wenn ein Wal abtaucht, schließt sich das Blasloch.

Blubber Eine dicke Fettschicht, die Walen als Schwimmhilfe dient und sie im kalten Wasser warmhält.

Cetacea Der wissenschaftliche Name der Ordnung der Säugetiere, die wir Wale nennen. Dazu gehören auch Schweinswale und Delfine.

Echoortung Die Aussendung von Schallwellen. Am Echo lässt sich erkennen, wo sich Gegenstände befinden. Fledermäuse und Zahnwale nutzen die Echoortung, um sich im Dunkeln zu orientieren.

Evolution Die langsame Veränderung von Lebewesen im Lauf der Zeit, um sich besser an neue Lebensräume anzupassen.

Filtrieren Eine Methode, mit der manche Meerestiere mit Siebvorrichtungen Nahrung aus dem Wasser filtern. Diese Tiere nennt man Filtrierer. Dazu gehören die Bartenwale, aber auch Seepocken, Austern und viele andere Krebs- und Schalentiere.

Finne Die dünne, schwertförmige Rückenflosse eines Wals. Sie sorgt dafür, dass der Walkörper stabil im Wasser liegt. Auch viele Fische haben Finnen. Die Finne hat keine Knochen.

Flipper Die Brustflossen der Wale. Sie haben sich aus den Vorderbeinen ihrer Vorfahren entwickelt, die noch an Land lebten. Die Flipper enthalten Knochen – so wie die Arme und Hände beim Menschen.

Fluke Die Schwanzflosse der Wale. Sie hilft ihnen beim Vorwärtskommen im Wasser und dient der Stabilität. Wie die Finnen enthalten Fluken keine Knochen.

Fressfeind Ein Tier, das ein anderes Tier tötet und frisst, um sich davon zu ernähren. Fressfeinde können zum Beispiel Löwen, Falken, Spinnen oder Schwertwale (Orcas) sein.

Harpune Eine lange und spitze Waffe, an der meist ein Seil befestigt ist. Harpunen werden von Hand geschleudert oder mit Schussapparaten abgeschossen. Menschen jagen damit Wale und andere große Meerestiere.

Kalb Die Jungtiere von einigen großen Säugetieren – zum Beispiel von Walen, Flusspferden, Elefanten oder Kühen.

Krill Sehr kleine Meereslebewesen, die wie Krebse aussehen. Bartenwale und viele Meeresvögel und Fische ernähren sich hauptsächlich von Krill. Krill ist ein wichtiger Teil der Nahrungskette im Meer. Die meisten großen Meereslebewesen würde es ohne Krill nicht geben.

Plankton Winzige Organismen, die im Meer leben. Pflanzliches Plankton heißt Phytoplankton und tierisches Plankton Zooplankton.

Säugetier Ein Tier, das seine Jungen mit Milch füttert. Die meisten Säugetiere legen keine Eier, sondern gebären lebende Junge. Säugetiere sind unterschiedlich groß – von der winzigen Spitzmaus bis zum riesigen Blauwal.

Sauerstoff Ein farbloses Gas, das alle Tiere und Pflanzen zum Leben brauchen. Pflanzen produzieren beim Wachsen Sauerstoff. Die Hälfte des Sauerstoffs, den wir einatmen, wird vom Plankton in den Meeren erzeugt.

Schule Eine Gruppe von Walen. Manche Wale leben in kleinen Schulen, zu denen nur ein paar Familienmitglieder gehören. Andere Wale sind in großen Schulen von mehreren Hundert Tieren unterwegs.

Schwämme Vielzellige Tiere, die in allen Meeren der Welt leben. Sie haben keine Organe und können von wenigen Millimetern bis zu mehreren Metern groß sein.

Schwarm Eine große Gruppe von Fischen, die sich gemeinsam durchs Wasser bewegt.

Seepocke Ein kleines Krebstier, das sich im Meer zum Beispiel an Felsen, an die Unterseite von Booten oder an die Haut von Walen heftet. Seepocken ernähren sich von Plankton und anderen winzigen Organismen, die sie aus dem Wasser filtern. So helfen sie nebenbei mit, das Meerwasser sauber zu halten.

Stoßzahn Ein langer Zahn, der als Waffe, als Sinnesorgan oder zum Imponieren dient.

Umweltverschmutzung Die Belastung unserer Umwelt mit schädlichen Stoffen. Umweltverschmutzung macht Gewässer, Böden und die Luft krank. Unsere Ozeane werden zum Beispiel durch Plastik verschmutzt. Wir können etwas für die Gesundheit der Meere tun, indem wir weniger Plastik benutzen und überall Müll aufsammeln.

Wal Die allgemeine Bezeichnung für Tiere, die zur Ordnung der Cetacea gehören. Wale sind große Säugetiere, die Luft zum Atmen brauchen und ihr ganzes Leben im Wasser verbringen. Wale gibt es in allen Ozeanen und in manchen Flüssen.

Walrat Eine weiße, wachshaltige Substanz, die sich bei Pottwalen in einem Organ im Kopf befindet. Sie hilft den Pottwalen möglicherweise bei der Echoortung und Navigation. Früher stellten die Menschen aus Walrat (auch Spermaceti genannt) Schminke, Parfüm, Kerzen und Salben her.

Walwanderung Die Wanderung vieler Wale mit den Jahreszeiten. Auch viele andere Tiere wandern. Sie legen große Entfernungen zurück, um den Winter an einem anderen Ort zu verbringen als den Sommer. So gelangen sie zu reichhaltigen Futtergebieten und sicheren Orten für die Aufzucht ihrer Jungen.

Darcy Dobell *Dieses Buch ist voller Bewunderung und Dankbarkeit allen gewidmet, die sich für den Schutz der Meere und ihrer Bewohner einsetzen.*

Becky Thorns *Für Josh, den liebevollsten, geduldigsten und unterstützendsten Ehemann. Vielen Dank, dass ich dir schier endlose Illustrationen von Meeresbewohnern zeigen durfte.*

Die Welt der Wale

Lerne die Riesen der Ozeane kennen

Illustriert von Becky Thorns

Erzählt von Darcy Dobell

Übersetzung aus dem Englischen von Andreas Bredenfeld

Konzeption, Redaktion und Design von Kleine Gestalten.

Herausgegeben von Robert Klanten,
Amber Jones und Maria-Elisabeth Niebius

Design und Layout von Melanie Ullrich

Schriften: Hensa von Vlad Cristea und Museo von Jos Buivenga

Gedruckt bei Finidr, s.r.o., Český Těšín
Hergestellt in Europa

Erschienen bei Kleine Gestalten, Berlin, 2020
ISBN 978-3-89955-829-6

4. Auflage, 2026

Die englische Ausgabe ist unter der ISBN 978-3-89955-830-2 erhältlich.

Die französische Ausgabe ist unter der ISBN 978-3-96704-809-4 erhältlich.

Weitere Informationen und Buchbestellungen unter
www.gestalten.com/collections/kleine-gestalten.

Die Gestalten Verlag GmbH & Co. KG
Mariannenstrasse 9–10
10999 Berlin, Deutschland
hello@gestalten.com

Bibliografische Information der Deutschen Nationalbibliothek. Die Deutsche Nationalbibliothek verzeichnet diese Publikation in der Deutschen Nationalbibliografie; detaillierte bibliografische Daten sind im Internet über www.dnb.de abrufbar

MIX
Papier aus verantwortungsvollen Quellen
FSC® C014138

Dieses Buch wurde auf FSC®-zertifiziertem Papier gedruckt.